KB214937

하나님나라
제자훈련

워크북 ❶

복음과 기독교 세계관

하나님나라 제자훈련
워크북 ❶
복음과 기독교 세계관

초 판 3쇄 발행 2019년 4월 5일
개정판 4쇄 발행 2023년 3월 23일
수정판 2쇄 발행 2025년 3월 20일

지은이 이종필
펴낸이 김춘자
펴낸곳 목양북

등록 2024년 3월 22일 제 2024-047호
주소 경기도 용인시 처인구 양지면 학촌로53번길 19
전화 070-7561-5247 팩스 0505-009-9585
이메일 mokyang-book@hanmail.net

Copyright ⓒ 킹덤처치연구소 2024
ISBN 979-11-989353-1-1 (03230)

하나님나라 복음에 입각하여
세계관적 접근을 바탕으로
총체적 기독교 신앙을 양육하는

하나님나라
제자훈련

워크북 ①

복음과 기독교 세계관

이종필 지음

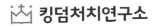

차례

추천의 글

개척의 불모지인 강남에 교회를 개척하여 오로지 말씀으로 건강하고 강력한 공동체를 세운 이종필 목사의 핵심적인 스피릿이 이 교재에 녹아 있다. 성경적인 동시에 상황적이며, 이론적인 동시에 실천적이며, 신학적인 동시에 교회적인 이 교재야말로 위기에 빠진 한국교회의 많은 성도들을 양육하기에 매우 적절하다. 그의 수고에 찬사를 보낸다.

김인중 목사(안산동산교회 원로목사)

'하나님나라'는 주님께서 전하신 복음의 핵심 내용입니다. 이종필 목사님은 이 교재에서 진정한 제자가 반드시 알아야 할 '하나님나라'의 원리와 실천에 대해 매우 정확하게 정리하고 있습니다.

성석환 교수(장로회신학대학교 교수/도시공동체연구소장)

그는 오늘날의 목회자들이 강조하는 '복음'이 정말 '복음'인지 고민하였고, 혼신의 힘을 다해 부흥을 이루려는 '교회'가 정말 '교회'인지 고민하면서 살아왔다. 그는 이제 그가 깨달은 복음과 교회를 이 교재 속에 담았다.

김정우 교수(총신대학교 신학대학원 교수, 한국신학정보연구원장)

아직까지 기본 신앙교육에서부터 하나님나라 신학에 입각한 성경의 세계관적 지향을 담아내는 교재가 없었다. 학문적 신학에서도 이 작업을 체계적으로 수행해 놓지 못한 상태에서 회중들의 현실을 하나님나라의 비전을 갖고 치열하게 대면해 온 목회자이며 말씀운동가인 저자가 용기 있게 돌파구를 열어주었다.

오형국 목사(한국성서유니온선교회 광주지부 총무)

이 교재는 이 치명적인 질병에 직면하고 가장 중대한 복음, 하나님나라의 세계관으로 우리를 세밀하고 확고하게 이끌어주는, '삶의 실천으로 써내려간' 역작입니다.

정갑신 목사(예수향남교회 담임목사)

하나님나라 제자훈련의 유익

　　그동안 하나님나라 제자훈련(목양, 2016 / 2019년 하나님나라 제자훈련(인도자지침서)로 개정)을 사용하시는 목사님들과 성도님들께서 조금 더 쉽게 사용할 수 있는 교재를 요청했습니다. 이러한 현장의 필요를 담아 하나님나라 제자훈련의 내용을 성도들이 쉽게 공부하도록 워크북 형식의 시리즈를 기획했습니다.

　　이 교재를 사용하신다면 다음과 같은 유익을 얻을 수 있습니다.

1) 포괄적이고 총체적인 기독교 세계관을 훈련할 수 있습니다

　　우리는 이 세상의 회복을 위해 하나님의 말씀으로 세상의 모든 영역에 대해 기독교적 사고를 훈련해야 합니다. 이 교재를 통해 하나님 백성의 세계관을 형성하고, 새롭게 변화된 세계관을 가지고 이 세상을 회복하시는 하나님나라 복음을 증언하는 진정한 그리스도인으로 성장할 수 있습니다.

2) 포스트모던 시대에 맞는 변증을 통해 신앙의 확신을 얻을 수 있습니다

　　어느 시대나 신앙에 관한 변증이 필요합니다. 변증은 이 세상을 살아가는 우리 스스로에게 일어나는 신앙에 대한 의심들을 해소시키는 것이며, 나아가 기독교가 전하는 복음이 세상에 제시하는 대안과 비전을 선포하는 과정입니다. 이 교재를 통해 유일한 진리인 복음에 대한 도전들에 대해 답할 수 있는 건강한 그리스도인으로 성장할 수 있습니다.

3) 복음을 실제화하는 삶의 방식을 훈련할 수 있습니다

이 시대에 기독교 신앙은 성경을 사변적으로 이해하는 것을 넘어서서 삼위일체 하나님을 주님으로 신뢰하고 살아가는 삶의 방식이어야 합니다. 그 삶의 방식으로 참된 기독교 신앙을 증거할 수 있습니다. 이 교재를 통해 우리가 살아가는 모든 삶의 영역에서 하나님나라의 통치를 구현하는 복음의 실제화가 가능합니다. 복음을 살아내는 성도로 성장하실 것입니다.

이 교재의 모든 내용은 필자의 창작물이 아닙니다. 필자가 성장하며 배웠던 기독교 신앙의 내용과 교재들에 근거하고 있을 뿐입니다. 다만, 시대의 변화에 맞추어 약간 새로운 방식으로 기독교 신앙을 훈련하는 방법을 찾아서 최신의 신학자와 목회자들의 연구들을 가져왔습니다. 다양한 연구물들을 정리한 것이지, 필자의 것은 전혀 없습니다. 모쪼록 도움이 되시길 기대해 봅니다.

2024년 10월
이종필 목사

하나님나라 제자훈련을 받는 이들에게 드리는 글

1. 하나님나라 제자훈련을 받게 되신 여러분을 축복합니다. 만약 신앙에 도움 되는 독서를 원하시면 다음의 책들을 추천해 드립니다.

1) 성경은 드라마다 (마이클 고힌/크레이그 바르톨로뮤, IVP)
2) 세계관은 이야기다 (마이클 고힌/크레이그 바르톨로뮤, IVP)
3) 니고데모의 안경 (신국원, IVP)
4) 나는 왜 그리스도인이 되었는가 (존 스토트, Ivp)
5) 하나님나라 관점으로 구약관통/신약관통 (이종필, 넥서스크로스)

2. 하나님나라 제자훈련을 받으시는 과정에서 교회의 사정에 따라 인도자를 통해 과제가 주어집니다. 이 과제는 여러분들의 삶을 돌아봄으로서 하나님의 인도하심을 정리하며, 하나님나라를 누리는 삶을 위해 여러분이 훈련해야 할 요소들을 점검하고, 여러분들의 미래의 삶을 하나님나라의 비전 안에서 정리해 보는 것입니다. 주어진 책을 읽고 보고서를 내는 과정에서 양육하시는 교역자와 진실한 소통이 이루어질 것입니다.

보고서 제목	기한	읽고 요약할 책	내용
나의 신앙 여정	제1권 복음과 기독교 세계관 4과가 끝나기 전에	<믿고 싶지만 믿어지지 않는 이에게> 아르카, 2020, 이종필 지음	자신이 어떻게 그리스도인이 되게 되었는지 혹은 지금까지 그리스도인으로 살아왔는지 정리합니다. 자신의 과거를 요약하며, 어떠한 신앙적 배경이 있고, 어떻게 하나님을 만났으며, 교회 생활의 변동은 어땠는지, 아직도 기독교에 대한 확신이 없다면 이유는 무엇인지 기록해 봅니다. (책 요약 A4 2장, 자신에게 적용 2장)
나에게 필요한 훈련	제 2 권 복음적 삶의 기초 4과가 끝나기 전에	<훈련> 목양, 2010, 이종필 지음	책을 읽고 기독교 신앙에 훈련이 왜 필요한지 정리합니다. 책이 다루는 11가지 주제들 각각에 대하여 자신의 삶에 적용하고, 하나님나라를 누리는 삶을 위해 자신에게 어떤 훈련이 필요한지 두 가지 주제를 선택하여 적용해 봅니다. (책 요약 A4 2장, 자신에게 적용 2장)
나의 미래 계획서	제 3 권 세상에 대한 유일한 이야기: 성경 4과가 끝나기 전에	<비전 위대한 인생의 시작> 목양, 2019 개정판, 이종필 지음	책을 읽고 요약합니다. 그리고 복음이 자신의 삶에 어떻게 적용되며, 어떤 부르심이 있는지 훈련 기간 동안 생각한 내용을 기록합니다. 나아가 그 부르심을 위해 어떻게 살아가야 할지 구체적으로 계획을 세워 봅니다. (책 요약 A4 2장, 자신에게 적용 2장)

3. 하나님나라 제자훈련은 워크북 1, 2, 3권으로 구성되어 있습니다. 각 과정은 각각 6과 6과 7과입니다. 인도자의 결정에 따라 공부한 내용을 시험을 통해 정리하게 됩니다. 또한 인도자 지침서에 나오는 이단에 대한 강의가 한 주추가될 수 있습니다. 이단에 대한 강의를 듣고 내 주변에 활개를 치는 이단들을 조사하여 발표하면 서로의 신앙에 많은 유익이 있을 것입니다.

4. 하나님나라 제자훈련은 지식만을 배우는 것이 아닙니다. 함께 건강한 공동체를 이루며, 나아가 천하만민의 복의 통로가 되는 제자로 성장하는 것을 목적으로 합니다. 따라서 가급적 그룹을 이루어 진행 하십시오. 그리고 서로 친밀해지는 교제의 시간을 가지며 함께 훈련하는 분들과 공동체를 이루어 가시길 바랍니다.

1 복음이란 무엇인가?

1. 복음의 필요성에 대해 생각해 본다.
2. 복음이 무엇인지 정리한다.

이 세상은 무언가 잘못되었다.

우리는 이 세상에서 스스로 행복하게 살아갈 방도를 찾는데 실패했다.

어느 시대 어느 곳에서도 사람들은 평화를 누리며 살지 못했다.

그것은 개인적으로나 사회적으로도 마찬가지였고,

이는 모두가 동의할 수 있는 사실이다.

인간이 스스로 행복하게 살아갈 수 없다는 사실,

그리고 행복한 세상을 만들 수 없다는 사실은 복음을 요청한다.

이 세상은 진정한 복음, 즉 좋은 소식이 필요하다.

주제 말씀 읽기와 찬양

• **찬양으로 마음열기**

• **주제 말씀** 마태복음 13장 44절

"**천국**은 마치 밭에 감추인 보화와 같으니
사람이 이를 발견한 후 숨겨두고 기뻐하며 돌아가서
자기의 소유를 다 팔아 그 밭을 사느니라"

• **여는 대화**

1) 당신이 생각하는 복음이란 무엇입니까? 나눠봅시다.

2) 당신은 어떻게 교회에 다니게 되었고, 지금은 왜 교회에 다니십니까?

깊이 들어가기

1. 인류에게 복음이 필요합니다.

인간은 행복을 위해 다양한 시도를 해 왔습니다. 정치가들은 자신들의 통치 체제를 통해 더 나은 세상을 구현하려 했습니다. 철학자들은 더 나은 세상에 도달할 수 있는 지혜를 구했습니다. 하지만 세상의 정치가들과 철학자들을 통해 더 나은 세상은 오지 않았습니다. 오히려 인간의 문제는 스스로 해결할 수 없는 것이라는 사실만 분명해졌습니다. 그렇기 때문에 우리에게는 진정한 복음이 필요합니다. 이 복음만이 인간 스스로 해결할 수 없는 문제를 해결할 수 있는 유일한 방법이기 때문입니다. 성경은 이 복음을 이렇게 소개합니다.

"내가 복음을 부끄러워하지 아니하노니 이 복음은 _____
_____ 됨이라" (로마서 1:16a)

Question 1

이 세상에 복음이 필요합니까?
어떤 부분에서 그렇게 생각하십니까?

2. 인간의 세 가지 본질적 문제 때문에 행복하게 살 수도,
더 나은 세상을 만들 수도 없습니다.

성경은 우리의 본질적 문제에 대해 다음과 같이 말하고 있습니다.

1) 본질적인 외로움

인간은 하나님의 형상으로 창조되었습니다. 그러므로 인간은 하나님을 비롯해 동료 인간들과 더불어 사랑의 교제 안에서 살아야 하는 존재입니다.

"여호와 하나님이 이르시되 _____
_____ 하시니라" (창세기 2:18)

하지만 인간이 반역함으로 하나님과의 교제가 단절되었고, 욕망을 추구하며 인간관계마저 단절시켰습니다.

"라멕이 아내들에게 이르되 아다와 씰라여 내 목소리를 들으라 라멕의 아내들이여 내 말을 들으라 _____
_____" (창세기 4:23)

인간은 이렇게 하나님과 동료 인간과의 관계에서 스스로 소외되어 본질적 외로움 속에서 살아가게 되었습니다.

2) 인생의 허무함

인간은 피조물로서 하나님이 그에게 부여한 목적이 있습니다. 그 목적은 하나님이 창조한 세상을 자신만의 독특한 재능과 달란트를 사용해 하나님의 뜻대로 다스리고 관리하는 일입니다.

"하나님이 이르시되 우리의 형상을 따라 우리의 모양대로 우리가 _____
_____
하시고" (창세기 1:26)

하지만 인간은 하나님을 반역했고, 이제는 스스로 삶의 목적을 찾아야 하는 상황에 처해졌습니다. 그리하여 인간이 스스로 찾은 목적은 자신의 욕망을 채우는 것이었습니다. 이러한 인간은 본질적으로 허무함을 느낄 수밖에 없었고, 그것을 해결하기 위해 더욱 쾌락에 빠져갔습니다.

> "그러므로 내가 이것을 말하며 주 안에서 증언하노니 이제부터 너희는 이방 인이 그 마음의 허망한 것으로 행함같이 행하지 말라 _____
> _____
> _____
> _____" (에베소서 4:17-19)

3) 미래에 대한 두려움

인간은 피조물이기 때문에 스스로 필요한 것을 공급할 수 없고, 오직 하나님의 복 안에서만 필요한 모든 것을 채울 수 있습니다. 또한 인간은 본질적으로 영원과 내세의 개념을 갖고 있습니다. 하지만 창조주 하나님을 반역함으로 미래를 살아갈 때 필요한 것들과 내세를 보장 받을 수 없게 되었습니다. 결국 도저히 해결할 수 없는 미래에 대한 두려움에 봉착해 불행한 삶을 살아갑니다.

> "그러므로 염려하여 이르기를 _____
> _____ 하지 말라 이는 다 이방인들이 구하는 것이라"
> (마태복음 6:31-32a)(마태복음 6:31-32a)

우리 모두는 외로움과 허무함과 두려움을 해결하기 위해 정욕과 탐욕으로 살아가면서 서로를 불행하게 만드는 사회를 만들었습니다. 많은 사람들의 노력에도 불구하고 사회가 점점 악하게 되는 것은 이러한 본질적 문제들이 해결되지 않기 때문입니다.

도표1. 복음이 필요한 세상

3. 본질적인 세 가지 문제는 하나님의 통치로부터 벗어났기 때문에 발생했습니다.

사람들은 이 문제들의 원인을 스스로 찾을 수 없었습니다. 그래서 하나님께서 계시를 통해 문제의 원인을 밝혀주셨고 어떻게 해결할 수 있는지 알려주셨습니다. 성경은 이 문제들의 원인이 인간이 하나님의 통치로부터 벗어났기 때문이라고 말합니다.

"아담에게 이르시되 _____

_____ 땅은 너로 말미암아 저주를 받고 너는 네 평생에 수고하여 그 소산을 먹으리라" (창세기 3:17)

인간은 하나님을 떠나 반역의 삶을 살아가려 하였습니다. 이것이 죄의 본질입니다. 그 결과 하나님을 떠난 인간의 세상에 복 대신 저주가 찾아왔습니다. 저주란 하나님의 복이 결여된 상태를 말합니다.

"주님은 나를 부르시고 크게 외치셔서, 들을 수 없었던 나의 귀를 열어 주셨습니다. 주님은 내게 빛을 비추사 볼 수 없던 눈을 뜨게 해주셨습니다. 당신의 아름다운 향내음을 나의 가슴으로 들이키고 난 후 나는 더욱 당신을 사모하게 되었습니다. 주의 영을 맛본 이후로 나는 더욱 주의 말씀에 주렸고 목이 말랐습니다. 주께서 나를 만지셨고 나는 당신의 평안으로 불타올랐습니다."

- 어거스틴 -

 Question 2 당신은 인간의 세 가지 본질적인 문제를 언제 느꼈습니까?
이 문제에 대해 동의하십니까?

4. 성경에서 제시하는 해결책은 복음입니다.

본질적 문제들을 스스로 해결 할 수 없는 인간에게 하나님께서는 구원의 복음을 약속하셨습니다. 그리고 그 복음을 예수 그리스도를 통해 이루셨습니다.

1) 구약에서 계시된 복음의 약속

구약성경은 이 문제의 해결책을 제시합니다. 즉, 이스라엘의 역사를 통해 하나님께서 인간을 어떻게 구원할 것인가를 계시합니다. 이 복음의 핵심은 두 가지 입니다.

① 하나님이 인간의 반역을 뒤집고 다시 세상을 통치하게 될 것이라는 소식

"_____

_____ 하는 자의 산을 넘는

발이 어찌 그리 아름다운가" (이사야 52:7)

② 이스라엘에게 계시된 메시야를 통해 구원이 성취될 것

"우리는 다 양 같아서 그릇 행하여 각기 제 길로 갔거늘_____

_____" (이사야 53:6)

2) 예수께서 이루신 복음

복음은 예수 그리스도를 통해 성취될 하나님나라에 대한 소식입니다. 예수께서는 세상에 오셔서 이 하나님나라를 선포하셨습니다. 하나님께서 예수 그리스도를 통해 인간의 반역을 뒤집고 다시 세상을 다스리심으로 세상이 회복된다는 소식을 선포하신 것입니다.

하나님나라의 복음은 예수 그리스도께서 십자가에 달려 죽으시고 부활하셔서 예수를 주로 영접하는 자의 죄를 사하여 하나님의 백성이 되게 하시고, 성령으로 이 땅을 통치하고 다스림으로, 인간의 모든 문제로부터 이 세상을 회복하시고, 이생에 복을 주시며 죽음 이후에 영원한 생명을 주신다는 소식입니다. 이 중에서도 예수께서 죽으시고 다시 살아나셨다는 소식이 하나님나라의 복음입니다.

"내가 받은 것을 먼저 너희에게 전하였노니 이는 _____

_____

_____" (고린도전서 15:3-4)

도표2. 성경이 제시하는 복음: 하나님나라

구약에서 계시된 하나님의 구원의 소식을 성취하신 구원자는 죽으시고 부활하신 예수님이십니다. 이것이 성경 전체가 제시하고 있는 복음입니다. 이것이 우리를 각 개인과 세상 전체의 문제로부터 구원할 수 있는 유일한 소식입니다.

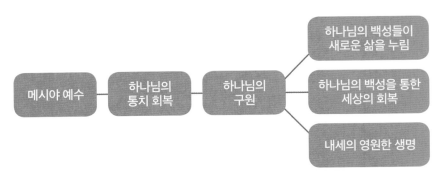

도표3. 하나님나라의 구원

"그렇다면 진정한 자유란 많은 사람들이 생각하는 것과 정반대이다. 그것은 나 자신이 살기위해 하나님과 다른 사람들에 대한 모든 책임으로부터 자유로워지는 것이 아니다. 왜냐하면 이것은 계속해서 나 자신의 자기중심성의 노예가 되는 것일 뿐이다. 대신 진정한 자유는 하나님과 다른 사람들을 사랑하는 가운데 책임 있게 살기 위해 나의 어리석고 하찮은 자아로부터 자유로워지는 것이다."

존 스토트

당신은 성경이 제시하는 구원의 방식을 이해하며 동의하십니까?

내용 정리하기

· **인도자 Question** (인도자가 제시하는 질문으로 의견을 나눕니다.)

· **간증을 읽고 결단하기**

어린 시절 주변에 신뢰할 수 있는 어른이 없었습니다. 아버지는 저를 쓸모없고, 한심한 사람으로 취급하며 제게 폭언과 폭력을 행사했습니다. 그래서 저는 항상 불안했고, 소극적이고 겁이 많은 성품을 갖게 되었습니다. 부모의 신뢰와 애정의 부재로 인해 저는 사람의 애정과 관심을 원하면서도 감정을 표현하고 사람과 관계를 맺는 것에는 소극적이었습니다. 다른 사람들이 나를 미워하고 공격하지 않을까 늘 두려웠습니다. 낮은 자존감에서 그려보는 저의 미래는 항상 어둡고 불안했습니다.

신앙을 갖게 되고 양육과 훈련을 받게 되면서 저의 연약한 내면들이 치유를 받고 변화되기 시작했습니다. 복음을 통해 하나님의 사랑을 알고 믿게 되자 내가 가장 용서하지 못하고 사랑할 수 없을 것이라 생각했던 아버지를 이해하고 사랑하게 되었습니다. 항상 서로를 향한 비난으로 끝났던 아버지와의 전화통화가 "그래 고맙다"라는 감사의 말로 바뀌게 되었습니다. 원망과 분노의 대상이었던 아버지를 어느 순간 이해하고 공경하려고 하는 저의 모습을 보면서 하나님이 저를 변화시켰다고 확신할 수밖에 없었습니다.

이로서 복음은 나를 변화시키며, 세상을 회복시키는 능력이 있다는 것을 믿게 되었습니다. 복음만이 나의 유일한 소망이 되었습니다. 이웃사랑을 실천하기 위해 웹 개발자로서 할 수 있는 역할에 대한 고민은 정의와 공익이 실현될 수 있는 웹 환경을 구축하겠다는 새로운 꿈으로 이어졌습니다. 하나님의 사랑으로 저의 삶은 이웃사랑을 실천하는 삶으로 변화할 것입니다. 앞으로도 저와 같이 건강하지 못한 가정, 낮은 자존감으로 어려움을 겪는 이들에게 나를 새롭게 하신 하나님나라의 복음을 증거하기 원합니다.

기도하며 마무리하기

우리를 구원하시기 위해 복음을 주신 하나님. 하나님을 떠난 인간이 얼마나 불행한 삶을 살게 되었는지 깨달았습니다. 우리가 다시 하나님께 돌아가야 함을 인정하고 주님을 영접하여 하나님의 통치 안에서 복을 누리게 하옵소서.

2 기독교 신앙의 세계관적 접근

1. 세계관이란 무엇인지 정의한다.
2. 왜 기독교 신앙을 세계관적으로 접근하는지 이해한다.

인도 발리우드의 최고 스타이자 미스 월드 출신의 아시와리아 라이의 결혼 소식이 큰 이슈가 된 적이 있다. 상대는 인도영화산업의 명문가 출신으로 역시 발리우드 스타인 아비셰크 바츠찬! 이 세기의 결혼은 이보다 앞서 라이가 비밀리에 결혼식을 치룬 사실이 일부 언론을 통해 알려지면서 또 다른 화제를 낳았는데, 놀랍게도 라이의 첫 결혼상대는 바나나 나무였다.

출생 시각, 행성의 위치에 따라 인생이 결정된다고 믿는 인도 점술에서 '망글릭' 자리에 속한 사람은 그 배우자가 아프거나 요절할 운명이라고 믿고 있다. '망글릭'인 아시와리아 라이는 운명을 해결하기 위해 먼저 바나나 나무와 결혼을 함으로써 모든 재앙이 아비셰크 바츠찬 대신 바나나 나무에 돌아가도록 했다.

이 첫 번째 결혼을 대다수의 인도인들은 당연한 것으로 받아들이고 있다. 인도인들의 세계관이 그들의 삶에 이렇게 영향을 미치고 있음을 볼 수 있다.

주제 말씀 읽기와 찬양

• 찬양으로 마음열기

• **주제 말씀** 골로새서 3장 9-10절

"너희가 서로 거짓말을 하지 말라 옛 사람과 그 행위를 벗어 버리고
새 사람을 입었으니 이는 자기를 창조하신 이의 형상을 따라
지식에까지 새롭게 하심을 입은 자니라"

• **여는 대화**

1) 당신이 경험한 기독교인들만의 독특한 점은 무엇이었습니까?

2) 동성애가 뜨거운 이슈로 떠올랐습니다.
   동성애가 확산되는 이유는 무엇이라고 생각합니까?

깊이 들어가기

1. 기독교 세계관이란 믿음의 결단을 바탕으로 성경을 체계화 한 신념체계로서 우리의 삶을 결정합니다.

세계관이란 간단히 말해서 세상을 바라보는 관점이라 정의할 수 있습니다. 이것을 조금 더 철학적으로 정의하자면 '인간의 사고와 삶의 기초가 되고 그것을 형성해주는 신념체계를 표현한 것'이라 할 수 있습니다. 결국 인간의 사고와 삶의 모든 행위의 바탕에는 그 기초가 되는 어떤 신념이 있으며, 그 신념은 보통 일정한 체계를 갖추고 있습니다.

그렇다면 기독교 세계관을 어떻게 정의할 수 있을까요? 마이클 고힌과 크레이그 바르톨로뮤는 '세계관이란 공유된 큰 이야기 속에 배어있는 기본 신념을 명료화 한 것인데, 그 신념들은 신앙의 결단에 뿌리를 두고 있으며 우리의 개인 생활과 공동생활 전체를 빚어내고 방향을 결정한다.'고 정의합니다. 예를 들면 모세는 신명기에서 하나님 중심의 세계관을 형성하기 위해 이스라엘 백성들에게 과거 역사를 설명하고 후손들에게 전하라고 명령했습니다. 기독교 신앙은 신에 대한 단순한 믿음만을 말하는 것이 아닙니다. 성경 계시를 통해 우리의 세계관을 새롭게 하고, 그 세계관을 따라 살아가는 신앙이 진정한 의미의 기독교 신앙이라 할 수 있습니다.

"오직 너는 스스로 삼가며 네 마음을 힘써 지키라 그리하여 ＿＿＿＿＿＿＿ 잊어버리지 말라 네가 생존하는 날 동안에 그 일들이 ＿＿＿＿＿＿＿＿＿ 너는 그 일들을 네 아들들과 네 손자들에게 알게 하라"(신명기 4:9)

"여호와께서 _____ 너희에게 반포하시고 너희에게 지키라 명령하셨으니 곧 십계명이며 두 돌판에 친히 쓰신 것이라 그 때에 여호와께서 내게 명령하사 너희에게 규례와 법도를 교훈하게 하셨나니 이는 _____

_____"(신명기 4:13-14)

2. 세계관은 매우 중요합니다.

우리 인생에서 세계관은 매우 중요합니다. 그 이유는 우리의 세계관이 우리의 인생을 결정하기 때문입니다. 사람들은 결국 자신들의 세계관대로 행동하게 되며 그것이 그들의 삶의 결과를 만들어냅니다. 다시 말하자면 선택과 결정의 순간에 자신의 세계관이 드러난다고도 할 수 있습니다. 따라서 모든 사람들은 스스로 인식하든 못하든 자신만의 세계관을 가지고 있습니다.

예레미야는 이스라엘 백성이 하나님의 율법을 지키지 않았던 이유가 자신들의 생각, 즉 세계관 때문이라고 지적합니다.

"땅이여 들으라 내가 이 백성에게 재앙을 내리리니 이것이 _____

_____

_____"(예레미야 6:19)

3. 우리는 세계관을 훈련해야 합니다.

세계관은 사람의 성장과정이나 사회적 배경, 교육 수준에 따라 달라질 수 있습니다. 그렇기 때문에 우리는 성경을 바르게 이해함으로 올바른 기독교적 세계관을 훈련해야합니다.

구약의 선지자들은 올바른 기독교적 세계관 없이 우상숭배의 방식으로 하나님을 섬기는 이스라엘 백성들을 지적합니다. 이처럼 기독교 세계관이 훈련되지 않으면 자신의 욕망에 따라 악을 행할 수밖에 없습니다. 세계관을 교육하는 일이 중요한 것은 바로 이러한 이유 때문입니다.

"이스라엘 자손들아 여호와의 말씀을 들으라 여호와께서 이 땅 주민과 논쟁하시나니 _____

_____

_____"(호세아 4:1-2)

> "큰 이야기들, 즉 세계관들은 개인 생활 뿐 아니라 인생의 모든 공적인 차원과 국가의 삶까지도 빚어낸다. 남아공의 인종차별 정책-백인이 흑인보다 우월하다는 세계관-은 삶의 모든 영역에 뿌리내렸고 계획적으로 시행되었다. 백인은 흑인과 달리 훨씬 좋은 학교에 다녔고, 흑백간의 결혼은 법으로 금지되었다. 심지어 거주지 조차 법으로 따로 정해놓은데다 가장 좋은 일자리는 늘 백인들 몫이었다. 모든 것이 다 그런 식이었다. 지금 와서 보면 그렇게 오랜 세월동안 그렇게 많은 사람이 그런 세계관을 품을 수 있었다는 사실이 잘 믿기지 않지만, 이는 세계관이 포괄적이며 개인 생활 뿐 아니라 공동체와 국가의 삶까지도 빚어낸다는 것을 똑똑히 보여주는 사례이다"
>
> 마이클 고힌, 크레이그 바르톨로뮤

세계관은 매우 중요합니다.
세계관이 무엇인지 자신의 말로 정리해봅시다.
이 세계관이 왜 중요할까요?

4. 우리는 기독교 신앙을 세계관적으로 접근해야 합니다.

세계관은 원래 철학자 칸트의 개념으로, 자신의 삶의 자리에서 세상을 바라보기 위해 고안된 개념입니다. 기독교 신앙을 세계관적으로 접근한다는 것은 자신의 삶의 자리에서 세상 전체를 성경을 기초로 한 기독교 신앙의 눈으로 바라보고 체계를 세워간다는 것입니다.

현대 철학자들은 이성을 절대적 위치에 놓고 세상 전체를 바라보는 세계관을 제시했습니다. 그러다보니 각자의 세계관은 상대적인 것이라는 결론에 이르게 되었습니다. 이러한 상대주의적 세계관은 하나님의 진리를 부정했습니다. 여기에 대응하기 위해 우리는 세상의 전 영역을 다루는 포괄적이고 체계적인 세계관을 제시하고 훈련해야 합니다.

모세를 통해 주어진 십계명과 율법 역시 세상 전체를 하나님의 시각으로 새롭게 바라보기 위해 주어진 것이었습니다.

도표4. 세계관의 개념
(나는 누구이며, 어디에 있는가?)

도표5. 기독교 세계관적 접근

"_____ 너는 자기를 위하여 새긴 우상을 만들지 말고 위로 하늘에 있는 것이나 아래로 땅에 있는 것의 어떤 형상도 만들지 말며"(신명기 5:7-8)

"너희 하나님 여호와께서 너희에게 명령하신 모든 도를 행하라 그리하면

_____"(신명기 5:33)

5. 기독교 신앙에 대한 세계관적 접근은 매우 유용합니다.

기독교 신앙을 세계관적으로 접근할 때 유용성은 다음과 같습니다.

첫째, 세속적인 세계관은 이미 우리 삶의 모든 영역, 심지어 신앙의 영역까지 점령하여 우리가 성경과 상관없이 살아가게 만들고 있습니다. 그렇기 때문에 이에 유사한 범주로 대응함으로 세상에 대해 성경이 말하고 있는 것을 정리하고 마음에 확신할 수 있습니다.

둘째, 예수 그리스도를 통해 세상을 회복하는 복음의 공적, 사회적 역할을 설명할 수 있습니다. 개인적이고 내세적인 복음주의 운동은 기독교를 축소시켜 종교 정도로만 인식하게 했습니다. 그러나 우리는 성경에 기초하여 세상에 대한 근본적이고 포괄적인 신념들을 정립해야 합니다. 세계관적 접근으로 잘 정립된 기독교 신앙을 드러내어 이 세상을 의식하며 살아갈 때 사탄의 은밀한 유혹들을 간파하여 대응할 수 있을 것입니다.

"거역하는 자를 온유함으로 훈계할지니 혹 _____

_____ 함이라"(디모데후서 2:25-26)

6. 현대인들의 세속적 세계관은 진보신화와 상대주의에 기초합니다. 우리는 이 세속적 세계관을 벗어나 성경적 세계관을 정립해야 합니다.

현대인들의 세계관은 이성에 입각한 과학적 합리주의 입니다. 이 세계관은 두 가지 특징이 있습니다. 먼저 자신들의 합리적 이성과 과학적 발전으로 인간이 더 나은 세상을 만들 수 있을 것이라 믿거나, 무엇이 됐든 절대적인 체계를 부정함으로서 모든 것을 상대화하여 인간의 자유를 극단적으로 추구하려는 두 가지의 경향을 띤다는 것입니다.

"그들이 _____

_____그들에게 자유를 준다 하

여도 자신들은 멸망의 종들이니 누구든지 진자는 이긴 자의 종이 됨이라"

(베드로후서 2:18-19)

세상의 세계관은 하나님의 복음과 성경을 노골적으로 거부하고 있습니다. 자유와 인권이라는 명분으로 성경의 권위와 기독교적 규범을 파괴하고 개인의 욕망을 극단적으로 추구하며 사회의 기반을 파괴합니다. 이 세대는 성경을 벗어나 잘못된 이론으로 악을 행하며 정당화합니다.

"또한 그들이 _____ 하나님께서 그들을 그 상실한 마음대로 내버려두사 합당하지 못한 일을 하게 하셨으니... 그들이 이같은 일을 행하는 자는 사형에 해당한다고 하나님께서 정하심을 알고도 _____"
(로마서 1:28,32)

현대사회는 인간 스스로가 합리적 이성으로 가장 합당한 삶을 만들어 낼 수 있다는 종교적 신념을 가지고 있습니다. 진보에 대한 이야기는 허상일 뿐입니다. 세상이 제시하는 무신론적 합리주의 세계관은 신뢰할 수 없으며 거부되어야 합니다. 그렇기 때문에 세속적 세계관에 대처할 수 있도록 기독교신앙을 세계관적으로 정립하여 세계관 싸움에서 승리해야합니다.

"너는 _____ _____ 그들은 경건하지 아니함에 점점 나아가나니 그들의 말은 악성 종양이 퍼져나감과 같은데 그 중에 후메내오와 빌레도가 있느니라"(디모데후서 2:15-17)

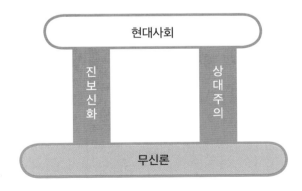

도표6. 현대인의 세계관

당신은 세상의 지배적 세계관을 어디서 느끼나요?
세상의 드라마, 영화 등 대중매체를 통하여
우리에게 침투한 세계관을 분별하며 나눠 봅시다.

성경을 통해 기독교적 세계관이 훈련하기 위해
우리는 어떻게 해야 할까요?

내용 정리하기

- **인도자 Question** (인도자가 제시하는 질문으로 의견을 나눕니다.)

- **간증을 읽고 결단하기**

간증 : 나를 다시 보게 하신 복음(30대 자매)

　하나님나라 복음의 진정한 의미를 알기 전에 제 삶에 중심은 오로지 '나'였습니다. 제 생각이 모든 것을 판단하는 기준이었습니다. 세상이 '행복'하고 '안정적'이라고 말하는 삶의 기준에서 제 마음의 평안과 행복을 찾으려고 했습니다. 그래서 그러한 삶을 살기 위해 모든 결정을 계획하고 계산하여 내렸습니다. 하지만 점점 불안해져 갔으며 현재의 삶에 만족할 수 없었습니다. 내 기준에 주변 사람들이 맞춰주길 바랐고, 삶에 일어난 문제들이 타인과 환경의 탓이라고 원망했습니다. 나 중심의 신앙생활은 이러한저의 문제에 어떤 영향도 주지 못했습니다. 예수를 믿는다곤

하지만 진정한 평안도 변화도 없는 삶에 염증과 회의를 느꼈습니다. 결국 더 이상 이런 삶을 반복하고 싶지 않다고 하나님께 기도하게 되었습니다.

이러한 절망과 문제인식 속에서 방황하다가 하나님나라 제자훈련을 통해 복음의 의미가 무엇인지 배웠습니다. 내가 이기적인 죄인이며 내 힘으로는 행복해질 수 없다는 가난한 마음으로 하나님께 나아갔습니다. 복음이 가져다주는 진정한 생명과 자유는 하나님이 나를 통치하실 때 온다는 것을 알게 되었고 이전과는 다른 눈으로 나와 세상을 바라보게 되었습니다. 다른 사람보다 나를 우선했던 삶에서 이제는 이웃의 유익을 위해 나의 시간과 은사를 사용하는 삶으로 바뀌니 오히려 더 큰 사랑과 만족을 누리게 되었습니다.

지금은 주님이 내게 주신 그림과 디자인이라는 달란트를 통해 어떻게 하나님의 나라를 이루어갈지 하나님께 묻고 있습니다. 주님이 어떻게 내 삶을 인도하시고 다스리실지 기대하며 계속 그 길을 찾아가고 있습니다. 하나님을 바라보며 살아갈 때 내 삶을 통해 하나님나라가 확장되고, 다른 이들에게도 예수님의 구원이 임할 수 있기를 소망하며 살아가게 되었습니다.

기도하며 마무리하기

이 세상을 통치하시고 다스리시는 하나님. 세상 가운데 살면서 어느새 세속적인 세계관에 물든 우리 자신을 발견하고 회개합니다. 타락한 세상에 답을 줄 수 있는 유일한 성경적 세계관을 깨닫고 세상의 가치관과 싸워 이길 수 있도록 도와주시옵소서.

3 기독교 세계관의 유일성

1. 철학과 세상의 지혜는 진리를 찾는데 실패했다는 것을 인정한다.
2. 세상 철학과 비교하여 왜 기독교 신앙이 진리인지 정리한다.

이 세상에 우리 모두가 소유해야 할 유일한 세계관이 존재하느냐 하는 질문은
'이 세상에 진리가 존재하는가?'라는 질문과 동일하다.
우주와 인간, 모든 존재와 현상을 설명하고,
인간이 살아가야 할 방식을 제시할 수 있는 유일한 진리가 이 땅에 존재한다면,
그것은 우리 모두가 소유해야 할 세계관이다.

주제 말씀 읽기와 찬양

· **찬양으로 마음열기**

· **주제 말씀**   요한복음 18장 37-38절

"빌라도가 이르되 그러면 네가 왕이 아니냐 예수께서 대답하시되 네 말과
같이 내가 왕이니라 내가 이를 위하여 태어났으며 이를 위하여 세상에 왔나
니 곧 **진리**에 대하여 증언하려 함이로라 무릇 진리에 속한 자는 내 음성을
듣느니라 하신대 빌라도가 이르되 진리가 무엇이냐 하더라 이 말을 하고 다
시 유대인들에게 나가서 이르되 나는 그에게서 아무 죄도 찾지 못하였노라"

· **여는 대화**

1) 진리란 무엇인지에 대해서 나름대로 정의를 내려봅시다.

2) 당신은 기독교 신앙만이 유일한 진리라고 믿고 있습니까?
   근거는 무엇입니까?

깊이 들어가기

1. 철학은 진리를 찾는 데 실패했습니다.

인류는 철학을 통해 진리를 발견하려는 시도를 계속해 왔습니다. 세상은 무엇이며, 우리는 누구이며, 우리는 어떻게 살아야 하는지 길을 찾으려는 시도를 계속해 왔습니다. 하지만 이 세상의 모든 철학자들은 우리가 행복할 수 있는 진정한 길을 발견하지 못했습니다. 그 이유는 바로 인간에게는 그럴 능력이 없었기 때문입니다.

"기록된 바 _____

_____ 다 치우쳐 함께 무익하게 되고 선을 행하는 자는 없나니

하나도 없도다"(로마서 3:10-12)

철학은 우리 인간이 '스스로 진리를 발견할 수 없는 부패한 존재'라는 기본적인 전제를 인정하지 못했습니다. 결국 이 세상은 진리를 상실한 세상이 되었습니다

인간 스스로 유일한 세계관을 찾는 것은 불가능했고 이러한 결과로 인간은 세상에 유일한 진리는 없다는 상대주의에 도달했습니다. 상대주의는 모두를 존중하는 이상적인 사상 같아 보이지만, 실상은 어떻게 살아야 하는지에 대해선 스스로의 결정에 맡기고, 더 나아가 사회적 합의에 내어 맡기자고 이야기합니다. 만약 인간이 타락했다는 것을 전제한다면, 상대주의는 무서운 결과에 도달하게 됩니다. 그것은 바로 인간이 비윤리적인 결정들을 정당화한다는 것입니다.

현대 사회는 욕망의 천국입니다. 프랑스는 어느새 비혼 출산자가 혼인 출산자보다 많아졌습니다. 세계 여러 나라에서 마약은 점점 합법화되는 추세입니다. 다양한 형태의 부도덕적 성적 쾌락의 추구는 금기에서 풀려났고, 동성결혼까지 가능한 사회가 되어 가고 있습니다. 상대주의 철학은 이 모든 현상의 이론적 토대이며, 평화와 존중 대신에 사회적 혼란과 인간성의 파괴를 초래하였습니다.

"

_____… 그러므로 하나님께서 그들을 마음의 정욕대로 더러움에 내버려 두사 그들의 몸을 서로 욕되게 하게 하셨으니"
(로마서 1:18, 24)

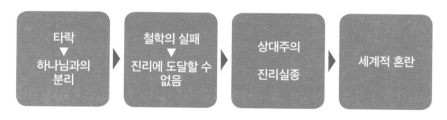
도표7. 현대사회의 혼란

2. 진리는 계시되어야 합니다.

이 세상에 절대적 진리는 존재하며 반드시 존재해야 합니다. 하지만 진리는 인간의 이성과 철학으로 나올 수 없습니다. 진리는 오직 창조자요 절대자인 신에 의해서만 나올 수 있습니다. 따라서 절대적 진리가 존재하는가에 대한 논쟁은 세상을 창조한 하나님이 존재하는가에 대한 논쟁입니다. 이 세상을 창조한 절대자, 하나님의 존재가 확실하다면 진리는 존재할 뿐만 아니라 인간에게 계시될 것입니다. 하나님은 이미 인간이 진리에 도달하게 하시기 위해 자신의 존재와 뜻을 이스라엘의 역사 속에 계시하셨고, 아들 예수를 통해 완성하셨기 때문입니다. 하나님께서 계시하신 이 진리야말로 유일한 세계관입니다.

"

_____

_____

_____이 아들을 만유의 상속자로 세우시고 또 그로 말미암아 모든 세계를 지으셨느니라"(히브리서 1:1-2)

 당신은 이 세상에 유일한 진리가 존재해야 한다고 생각하십니까?

3. 타락한 인간은 진리에 도달할 능력이 없으므로 계시를 받아야 합니다.

타락한 인간은 스스로 하나님의 진리에 도달할 수 없으며 욕망을 따라 절망적인 세상을 만들어내고 있습니다. 우리가 할 수 있는 것은 성령의 인도하심으로 진리에 도달할 수 없는 우리의 상태를 깨닫는 것입니다.

진리는 신적 계시의 방법으로만 주어질 수 있습니다. 인간 스스로가 진리에 도달할 수 없기 때문입니다. 요한복음에서 예수 그리스도는 빌라도 앞에서 스스로를 왕으로 지칭하셨습니다. 이는 예수께서 하나님의 전권대사임을 의미하는 것이고, 예수만이 하나님으로부터 이 세상에 진리를 전해주는 계시의 전달자요 동시에 진리 그 자체라는 의미입니다.

4. 예수 그리스도는 진리이시며, 진리의 계시자이십니다.

이 세상에는 진리가 없습니다. 그래서 예수 그리스도는 진리를 찾을 수 없는 우리에게 진리를 선포하기 위해 이 땅에 오셨습니다.

"예수께서 이르시되 _____

_____ (요한복음 14:6)

인간은 십자가에 죽으신 예수 그리스도를 통해서만, 즉 메시야 예수를 주로 고백하고 하나님나라의 백성이 되어야만 유일한 진리에 도달할 수 있습니다. 이것이 하나님께서 신적 계시를 통해 우리에게 주신 유일한 진리인 성경의 '복음'입니다.

> "기독교 신앙의 기초는 사상이나 이론이 아니라 살아계신 예수 그리스도이시다. 바로 이 점에서 기독교는 다른 종교들과 다르다. 대부분의 종교들은 어떤 철학적 사상을 받아들이고 믿는데서 출발한다. 반면 기독교는 예수 그리스도와 그 분의 부활이라는 역사적 사건에 기초한다."
>
> 조시 맥도웰

 Question 2 진리는 어떤 방식으로 주어지는가? 그 이유는 무엇인가?

5. 회개한 자들에게 진리의 계시가 주어집니다.

예수님께서는 회개하지 않는 백성들에게 회개를 촉구하시면서, 이것(즉 회개의 메시지)을 지혜롭고 슬기있는 자들에게는 감추시고, 어린아이들에게는 나타내셨다고 말씀하셨습니다.

"그 때에 예수께서 대답하여 이르시되 _____

_____

_____

내 아버지께서 모든 것을 내게 주셨으니 아버지 외에는 아들을 아는 자가 없고 아들과 또 아들의 소원대로 계시를 받는 자 외에는 아버지를 아는 자가 없느니라"(마태복음 11:25-27)

1) 마태복음 11장 25-27에서 '지혜롭고 슬기 있는 자'들은 어떤 사람일까요?

2) 반대로 '어린아이'는 어떤 사람일까요?

어린아이와 같은 자들은 자신들의 죄를 깨닫고 이 땅에 오신 진리이신 예수 그리스도를 영접함으로 하나님을 만나게 됩니다. 이런 자들에게 영원한 하나님나라의 계시가 주어지는데 그것이 바로 진리입니다.

6. 스스로 진리에 도달할 수 없음을 인정하는 것은 '자기 비하'가 아니라 '자기 인정'입니다.

스스로 진리에 도달할 수 없고 스스로를 구원할 수 조차 없는 인간이 하나님께 의지하는 것은 자기 비하가 아니라 자기 인정입니다. 우리 모두는 유일한 진리에 도달하기 위해 회개하고 하나님나라가 가까이 왔음을 믿으라는 예수 그리스도의 복음에 무릎 꿇어야 합니다. 진리에 도달할 수 없는 죄인, 스스로 구원할 수 없는 죄인임을 인정하는 베드로의 태도가 필요합니다. 그럴 때 우리는 진리에 도달할 수 있습니다.

"시몬 베드로가 이를 보고 예수의 무릎 아래에 엎드려 이르되

_____ 하니"(누가복음 5:8)

도표8. 진리인식의 길

"그리스도의 이름을 빙자하여 교회가 정의롭지 못한 짓을 무수히 저질렀던 사실을 가벼이 넘길 수는 없다. 그러나 기독교의 가장 근본적인 믿음의 힘이, 험난한 우리 세상에 평화를 가져오는 강력한 동인이 될 수 있음을 어느 누가 부정할 수 있겠는가?"

팀 켈러

예수를 통해 주어진 진리에 도달하기 위해 당신은 어떤 노력이 필요합니까?

내용 정리하기

• **인도자 Question** (인도자가 제시하는 질문으로 의견을 나눕니다.)

• **간증을 읽고 결단하기**

> **간증 : 복음, 나의 유일한 소망(40대 자매)**
>
> 저는 무속적 불교신앙을 가진 집안에서 태어나 자랐습니다. 부모님은 물질과 건강의 복을 바라며 불공을 드렸고, 부적을 몸에 지녔습니다. 이런 환경에서 자란 저에게 기독교는 부정적일 수밖에 없었습니다. 초등학교 시절 늘상 하나님의 사랑을 말하고, 손님들에게 전도를 했던 빵가게 부부가 아이들끼리의 다툼으로 인해 제 어머니에게 폭언과 상해를 입히는 모습을 보면서, '기독교인들은 말만 번지르르하게 하는 나쁜 사람들'이라고 고정관념을 갖게 되었습니다. 성인이 되어 기독교 신앙을 가진 남편을 만나게 되면서 크리스천에 대한 좋은 인식들이 생겼고, 간간히 예배에도 참여하게 되었습니다. 하지만 여전히 기독교인이 되고 싶은 마음은 없었고, '어디 해볼 테면 해 보라지'라는 완악한 마음으로 교회에 다녔습니다.
>
> 저는 점점 더 욕심이 많아졌고 다른 친구들과 나의 경제수준을 비교하며 제 삶을 평가했습니다. 다른 친구들보다 돈이 부족한 나는 불행한 사람이었습니다. 친구들을 만나고 온 날은 어김없이 남편과 다투었습니다. 그러나 자신이 가진 것, 처한 형편과 상관없이 기뻐하고 평안을 누리는 교회 지체들의 모습을 보고 저도 조금씩 다른 방식의 삶을 소망하게 되었습니다. '의심하는 마음을 버리고, 온전히 예수님을 믿게 해 달라'고 기도를 하며 예배와 훈련에 참여하게 되었습니다. 하나님의 사랑과 기독교 신앙이 조금씩 제 마음에 스며들기 시작했습니다. 진정한 구원과 행복이 하나님과 함께 하는 것이며, 인간의 어떠한 철학과 종교로도 하나님께 이를 수 없음을 인정하게 되었습니다. 예전에는 부러움의 대상이었던 친구들이 이제 부럽지가 않았습니다. 하나님이 지금 나에게 허락하신 것에 감사하며, 하나님의 나라를 위해 최선을 다하는 삶을 살아가는 것이 진정한 행복임을 알게 되었습니다.

이제 저는 진정한 복과 삶의 목적이 무엇인지 알게 되었습니다. 무엇을 더 소유하는 것이 아니라 하나님과 함께 있을 때, 하나님의 뜻과 일치된 삶을 살 때 평안과 기쁨이 있음을 압니다. 저를 통해 하나님의 복과 삶의 의미를 친정식구들도 알게 되기를 소원합니다.

기도하며 마무리하기

유일한 길과 진리와 생명되신 하나님. 타락한 우리는 진리에 도달할 수 없음을 고백합니다. 그러나 예수 그리스도를 보내주셔서 하나님의 진리를 우리에게 보여주심을 감사합니다. 내가 죄인임을 깨닫고 회개하며 예수님을 주로 고백하고 하나님께 나아갈 수 있도록 인도하옵소서.

4 기독교 세계관의 특징

1. 기독교 세계관의 특징을 이해한다.
2. 기독교인으로서 우리가 가져야 할 태도를 정리한다.

우리가 확실히 믿어야 할 것은 보편적인 진리는 반드시 존재하며
우리가 그 진리에 도달할 때 진정으로 인간다운 삶,
사탄의 모든 속박으로부터 자유하며
헛된 욕망의 노예 상태를 벗어난 생명의 삶을 살게 된다는 것이다.
그리고 이 보편적 진리는
세상을 창조한 하나님의 신적 계시를 통해서만 주어진다.
이 신적 계시의 정점에는 하나님이 보내신 유일한 메시야 예수가 있다.
성경은 우리가 진리에 도달하기 위해
우리 스스로 진리에 도달할 수 있다는 가능성을 포기하고 회개함으로
예수를 믿어야 한다고 주장한다.
결과적으로 진리는 배타적이면서 포괄적이라는 특징을 갖게 된다.

주제 말씀 읽기와 찬양

· **찬양으로 마음열기**

· **주제 말씀**   요한복음 8장 31-32절

"그러므로 예수께서 자기를 믿은 유대인들에게 이르시되 너희가 내 말에 거하면 참으로 내 제자가 되고 진리를 알지니 진리가 너희를 **자유롭게** 하리라"

· **여는 대화**

1) 처음 기독교인이 되는 과정에서 어려운 점은 무엇이었습니까?

2) 지금 기독교인으로 살아가는 데 있어서 갈등이나 힘든 일을 겪은 적이 있다면 나누어봅시다.

깊이 들어가기

1. 기독교 세계관은 진리이기 때문에 배타적입니다.

우리가 기독교 세계관을 가지고 살아가기로 했다면 반드시 어떤 현대적이면서도 고상한 도전에 부딪히게 됩니다. 그것은 바로 현대 기독교가 배타적인 진리를 주장하면서 관용과 포용을 설파한 예수 그리스도의 정신을 훼손한다는 것입니다. 하지만 오히려 진리와 배타성은 뗄 수 없는 관계입니다. 왜냐하면 어떤 진리가 배타적이지 않다면 그것은 더 이상 진리가 아니기 때문입니다.

지금 세상에는 진리라고 주장하는 수많은 이론과 사상들이 있습니다. 그들은 자신의 이론이 진리라고 주장하면서도 다양한 진리들이 존재하며 그것들을 관용적으로 포용해야 한다고 말합니다. 하지만 이것은 모순입니다.

관용적이고 포용적인 진리를 주장하는 자들 역시 배타적인 진리를 주장하는 자들에 대해 배타적이라는 사실은 스스로가 얼마나

① 배타적이며

② 자기 모순적이며

③ 확신이 없는 자들인지

여실히 드러내고 있습니다.

관용적 진리 주장은 자기 모순에 봉착합니다.

2. 기독교 관용주의는 자기기만입니다.

기독교 신앙을 가지면서 다른 종교나 사상체계에 대하여 상대주의적 태도를 취하는 것은 기독교 신앙에 대한 무지에서 비롯합니다. 만약 기독교 신앙의 배타성을 알면서도 상대주의적 태도를 취하는 것은 독단적이라는 비판을 듣지 않기 위해 거짓말 하는 것입니다.

"이제 내가 사람들에게 좋게 하랴 하나님께 좋게 하랴 사람들에게 기쁨을 구하랴 _____
_____"(갈라디아서 1:10)

예수 그리스도는 '내가 곧 길이요 진리요 생명'이라고 분명히 말씀하셨습니다. 우리의 문제는 세상 사람들의 눈치를 보며 기독교의 배타성을 은근슬쩍 부정하는 동시에 자기 욕망에 눈이 어두워 예수님의 말씀을 실천하지 않는 비윤리성에 있습니다.

3. 기독교 진리는 타협할 수 없습니다.

기독교 신앙은 세상 모든 사람들에게 복을 주는 것이지만, 신앙 체계는 배타적입니다. 이 말은 하나님은 한 분이시며, 이는 다른 신, 다른 방식의 구원을 용납하지 않는다는 의미입니다. 다른 방식의 구원은 결코 이 세상에 존재할 수 없습니다.

"너는 _____"(출애굽기 20:3)

이 주장 때문에 우리가 어려움을 당한다면 그것은 의로운 고난입니다. 나아가 우리는 배타적인 진리를 전하는 통로가 되기 위해 하나님나라를 구현하는 복음적 존재방식을 훈련해야 합니다. 배타적인 진리를 주장하면서 동시에 예수님의 말씀을 실천하는 윤리적 삶을 회복해야 기독교 진리의 증인이 될 수 있습니다.

도표9. 진리로서의 기독교 세계관의 특징

 당신이 살아가면서 기독교 신앙의 배타성 때문에 받는 오해들은 무엇이며, 어떻게 대처할 수 있습니까?

4. 기독교 세계관의 또 다른 특징은 포괄성입니다.

진리는 편협하거나 부분적일 수 없습니다. 진리는 우주와 인간, 그리고 그 안에서 벌어지는 모든 현상을 설명할 수 있어야 합니다. 그러므로 진리는 의존할 대상이 필요한 개인에게 헛된 소망을 주거나, 소원을 이루고자 하는 이들에게 성취를 선물해 주는 것이어서는 안 됩니다.

5. 샤머니즘 종교는 편협합니다.

우리가 샤머니즘 신앙을 진리로 인정할 수 없는 것은 자신의 필요에 그 필요를 채워줄 어떤 초월적인 신적 존재와 종교적 열심만을 인과적으로 연결시키는데 그치며, 다른 것들에 대해서는 전혀 설명할 수 없기 때문입니다. 세계의 종교들은 대부분 샤머니즘적 경향을 띠고 있으며 우리는 이 부분을 주의해야 합니다. 기독교 문화에도 이러한 편협한 진리들이 판을 치고 있습니다. 바로 '뭐든 기도하면 다 이루어진다.'는 가르침이 바로 그것입니다.

우리는 하나님 말씀 안에서 포괄적 사고를 해야 합니다. 하나님은 우리가 원하는 대로 이리저리 흔들리시는 분이 아닙니다. 하나님께서는 뜻하신 바대로 섭리하시며 타락한 우리를 구원하시고, 그 분의 뜻에 맞게 살아가도록 우리를 변화시킴으로 하나님의 구원을 이루십니다. 뭐든지 기도하면 된다는 것은 매우 부분적인 신앙체계에 지나지 않습니다. 그러므로 우리는 하나님의 구원의 방식을 이해하며, 말씀을 통해 세상 전체를 설명하기 위해 노력해야 합니다.

"만군의 여호와께서 _____

_____"(이사야 14:27)

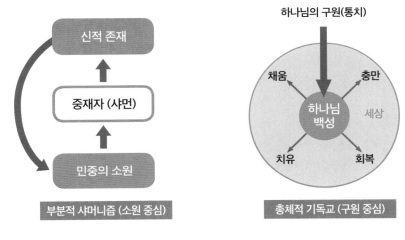

도표10. 샤머니즘과 기독교

6. 기독교 진리의 포괄성

우리의 삶을 모두 포괄할 수 있는 것이 진리입니다. 그리고 성경이 제시하는 복음만이 모든 우주와 인생의 질문에 합당한 답을 줄 수 있습니다.

이 세상은 어떻게 시작되었는가?

이 세상의 본질은 무엇인가?

인간은 어떤 존재인가?

세상의 모든 문제들의 원인은 무엇이며 그 해결책은 무엇인가?

인간의 죽음 이후는 어떻게 되는가?

인간의 도덕과 선에 대한 갈망의 원천은 무엇인가?

인간의 삶과 역사의 의미는 무엇인가?

우리는 어떻게 살아야 하는가?

이에 대해 무신론은 부분적 답변만 할 수 있습니다. 샤머니즘 종교는 사람들에게 소망놀이만을 선물해 줍니다. 우리는 이제 우리의 영혼과 육체의 모든 문제들과 현상들을 정확히 설명하는 포괄적 진리인 성경을 따라 기독교 세계관을 훈련하여, 우리 삶의 모든 영역에서 하나님나라가 임하도록 힘써야합니다.

> "기독교 세계관은 그리스도인이 세상에 대해 품어야 할 기본 신념들의 포괄적 뼈대가 성경의 드라마에 배어있기에 그러한 신념들을 우리 문화의 기본 신념들과 상호 연관시켜서 제시하는 것이다. 그것은 성경의 진리에 기초하지만 성경 이야기 자체와 구별된다. 성경신학, 조직신학, 기독교 철학보다 원천적이고 포괄적인 삶의 안목이고 비전이다."
>
> 신국원

당신이 지금까지 배운 신앙의 내용들은
삶의 모든 영역에 구체적 지침을 주고 있습니까?
그렇지 않다면 이유는 무엇이며 해결 방안은 무엇입니까?

성경을 통해 얻어진 기독교 세계관의 두 특징에 대해 동의하십니까?

내용 정리하기

• **인도자 Question** (인도자가 제시하는 질문으로 의견을 나눕니다.)

• 간증을 읽고 결단하기

간증 : 총체적 복음이 준 확신과 소망**(40대 형제)**

지방의 중소도시에서 자란 나는 어린 시절 서울에 있는 좋은 대학에 진학하는 것이 꿈이었다. 그러나 그 꿈은 너무 멀고 거대해 보여 두려웠다. 그 때 나를 전도했던 분은 나에게 "믿는 자에게 능치 못할 일이 없다"는 성경 구절을 보여주며 용기를 주었다. 나는 그 믿음(?)으로 원하는 대학에 들어갔고 교회에도 출석하기 시작했다. 그리고 원하는 것을 간절히 구하면 하나님께서 늘 들어주신다는 믿음으로 한동안 신앙생활을 이어갔다.

그러나 상대주의적 가치관이 지배적인 우리나라의 대학에서 기독교만이 진리라는 신앙은 조화되기가 어려웠다. 신앙 때문에 고지식한 사람이라는 말을 듣게 되자 좀 더 유연한 사람, 포용적인 사람이 되어야 하는지 고민이 되었다. 또한 기독교 신앙을 그저 기도하면 소원을 이룰 수 있는 신앙으로 이해하던 나는 세상과 인생의 의미와 목적을 도무지 찾을 수 없었다. 하지만 제자훈련을 통해 총체적인 기독교 세계관을 배우게 되면서 왜 기독교만이 유일한 진리가 될 수 있는 지에 대한 선명한 답들을 찾을 수 있었다. 세상을 창조하신 하나님이 한 분일 수밖에 없듯이 하나님께 이르는 구원의 방식 또한 여러 개일 수 없다는 확신이 분명해졌다. 신앙생활이 내 욕망을 채우는 수단이 아니라 나를 통해 하나님의 뜻과 하나님의 나라를 소망하는 것이라는 사실을 인정하게 되었다.

교수가 된 나는 하나님께서 내게 주신 지위, 지식을 비롯한 모든 것이 하나님나라를 위해 쓰일 때 가장 값지고 보람이 있음을 느낀다. 이러한 깨달음을 학교에서 학생들을 가르치며 나누고 있다. 앞으로도 꿈도 삶의 의욕도 없는 대학생들에게 창조주를 기억하며 삶의 비전을 찾아 활기 있게 살아가도록 생명을 불어넣는 일을 사명으로 여기며 살아가고 싶다. 그렇게 나는 변화되고 있다.

기도하며 마무리하기

　온 세상을 품으시고 살피시는 하나님. 타락한 세상 가운데 우리를 보내셔서 배타적이며 포괄적인 기독교의 진리를 가진 자로 살아가게 하셨음을 고백합니다. 사탄의 계략을 무너뜨리며, 담대하게 진리를 전하고 사랑을 실천하는 그리스도인이 되게 하옵소서.

5 기독교 세계관의 기본 내용(1)
인간에 대하여

1. 인간은 어떤 존재인지 정리한다.
2. 인간을 설명하는 기독교적 방식에 대해 평가하고,
   기독교 세계관에 대해 확신한다.

기독교의 세계관은 인간과 세상에 대한 근본적인 설명을 할 수 있어야 하며
세상에 나타나는 모든 현상들과 문제들을 포괄해야 한다.
그렇다면 먼저 인간에 대해 생각해보자.
성경은 이 물음에 답을 하고 있다.
우리는 성경을 통해 인간이 어떤 존재인지 정립하고
나아가 왜 기독교 세계관이 우리가 선택해야 할 유일한 세계관인지
증명할 수 있게 될 것이다.

주제 말씀 읽기와 찬양

• **찬양으로 마음열기**

• **주제 말씀** 시편 8편 4-8절

"**사람**이 무엇이기에 주께서 그를 생각하시며 인자가 무엇이기에 주께서 그를 돌보시나이까 그를 하나님보다 조금 못하게 하시고 영화와 존귀로 관을 씌우셨나이다 주의 손으로 만드신 것을 다스리게 하시고 만물을 그의 발 아래 두셨으니 곧 모든 소와 양과 들짐승이며 공중의 새와 바다의 물고기와 바닷길에 다니는 것이니이다"

• **여는 대화**

1) 인간은 그저 자기가 먹은 것의 결과물에 불과하다는 포이어바흐의 유물론이나, 인간은 우연히 만들어진 생명체가 진화의 과정을 거쳐 생존한 DNA의 복제물이라는 의견에 동의할 수 있습니까? 이런 인간관은 우리의 삶에 어떤 영향을 미칠까요?

2) 인간만이 가진 고유한 특성은 무엇이라고 생각합니까?

깊이 들어가기

1. 인간은 영혼과 육체로 이루어져 있습니다.

성경은 인간이 육체로만 되어 있지 않으며 더 본질적인 부분으로서 '하나님의 형상'으로 설명되는 영혼이 있다고 이야기합니다.

"하나님이 _____ 남자와
여자를 창조하시고"(창세기 1:27)

우리의 눈에 보이는 것은 인간의 육체입니다. 과학적 연구가 활발히 이루어질 수 있는 대상도 인간의 육체입니다. 그러나 분명한 것은 인간이 육체로만 되어 있지 않다는 사실입니다.

우리 인간에게는 어느 다른 생명체에서도 찾을 수 없는 인간을 인간답게 하는 영역이 있는데, 그것이 무엇이며 어디에서 어떻게 작용하는지 정확하게 설명하기는 어렵습니다. 하지만 우리는 이것을 영혼이라고 부를 수 있습니다. 인간은 육체와 영혼으로 구성되어 있는데 인간을 인간답게 하는 것은 육체보다는 영혼입니다.

과학은 인간이 육체적으로 얼마나 동물과 유사한지를 밝혀내는데 성공했습니다. 많은 과학자들이 여기에서 한 걸음 더 나아가 인간은 본질적으로 동물과 유사했는데, 진화에 의해 여러 가지 언어적, 사회적, 윤리적인 특성을 갖게 되었다고 설명합니다.

하지만 성경은 전혀 다른 이야기를 합니다. 바로 인간은 하나님의 형상이며 하나님보다 조금 낮은 존재였다는 것입니다.

"그를 _____."
(시편 8:5)

2. 영혼에 대해 이해할 때 인간에 대한 참된 지식을 가질 수 있습니다.

과학적 발견들은 존중되어야 합니다. 그 발견들이 인류의 삶의 질을 크게 개선해 주었고, 심지어 교회의 잘못된 성경해석을 바로잡아 주기도 하였습니다. 하지만 과학적 발견들은 신중히 검토되어야 합니다. 몇 가지 발견들로 인류의 기원이 자연발생적이며, 인간이 동물보다 조금 진화한 고등한 존재라 규정하는 것은 너무 성급한 결론입니다. 그들은 과학으로 연구될 수 없는 인간의 특성, 하나님의 인격의 반영으로서의 '영혼'을 간과함으로 잘못된 결론을 도출한 것입니다.

사실 인간의 인간됨은 동물과의 유사성을 아무리 발견해도 설명될 수 없는 것입니다. 인격을 갖고, 선과 도덕을 추구하며 초월성을 가지고 있는 인간의 특성은 인간 육체의 연구를 통해서는 온전히 설명될 수 없습니다. 인간의 영적 특성을 배제하면 인간은 인간이 아닙니다. 인간은 하나님의 창조물입니다. 그러므로 성경을 기초로 하여 하나님과 유사한 영적 특성을 연구할 때 스스로에 대해 진정한 지식에 도달하게 되며, 인간 본연의 가치와 삶의 목적을 발견하게 됩니다.

3. 영혼을 가진 인간에게는 세 가지 독특한 특징이 있습니다.

1) 인격성(창세기 5:1-2)

"이것은 아담의 계보를 적은 책이니라 _____

_____

_____"(창세기 5:1-2)

우리가 누군가를 인격이라 부를 수 있으려면 다음 두 가지 조건이 충족되어야 합니다.
① 인격은 자신이 누구인지 아는 자의식이 있어야 한다.
② 인격은 스스로 자신의 문제에 대해 통제하고 결정할 수 있는 자기결정력이 있어야 한다.

이러한 특징은 인격이신 하나님께서 우리에게 부여하신 하나님의 형상이 아니면 이해할 수 없습니다. 만약 이것이 사회학적 진화의 산물이라면 우리보다 먼저 존재했던 수많은 동물들에게 인격성이 보여야 합니다. 하지만 동물은 자기 자신이 누구인지 인식하지 못하며 본능에 의해서만 모든 것을 결정합니다. 인간만이 인격성을 갖고 있으며, 이것이 바로 인간에게 영혼이 있다는 증거입니다.

2) 선과 도덕을 추구하는 존재(로마서 7:18-19)

"내 속 곧 내 육신에 선한 것이 거하지 아니하는 줄을 아노니 원함은 내게 있으나 선을 행하는 것은 없노라 _____

_____"(로마서 7:18-19)

인간에게서만 나타나는 또 하나의 특징은 선과 도덕을 추구한다는 것입니다. 사실 비도덕적 행위를 일삼는 사람들로 인해 비도덕적 사회가 만들어지고 있습니다. 그러나 그 자체가 인간이 선과 도덕을 추구한다는 진리를 반박하지 못합니다. 인간은 선과 도덕을 추구합니다. 인간이 도덕적인 일을 할 때는 그것이 좋기 때문에 행하지만, 악과 비도덕은 그 행위가 좋기 때문이 아니라 결과로 올 유익 때문에 행합니다. 인간이 선과 도덕을 추구하지만 세상이 악한 것은 선을 추구하는 인간이 죄로 물들어 탐욕을 위해 자신의 양심과 어긋나는 각종 죄악들을 저지르기 때문이지 인간이 선과 도덕 자체를 미워하거나 멀리하기 때문이 아닙니다.

동물의 세계에서는 선과 도덕의 추구에 대해 설명할 수 없습니다. 그들은 인격성이 없고 스스로 비도덕적인 일을 선택하는 것이 아니라 그것이 본능이기때문에 그렇게 할 뿐입니다. 유일하게 인간만이 하나님께서 주신 육체의 본능들을 하나님의 통치에 따라 선하게 사용하고 선과 도덕을 추구하며 살아가려 합니다. 이것은 진화의 과정을 통해 된 것이 아니라 하나님의 형상으로서 영혼을 소유한 인간 본연의 특징입니다.

3) 영원을 갈망하는 존재(전도서 3:11)

"하나님이 모든 것을 지으시되 때를 따라 아름답게 하셨고 또 ＿＿＿＿＿＿
＿＿＿＿＿＿＿＿＿＿＿ 그러나 하나님이 하시는 일의 시종을 사람으로
측량할 수 없게 하셨도다"(전도서 3:11)

동물들과 달리 인간만이 자신의 삶을 뛰어넘어 과거와 미래, 그리고 이 세상을 넘어선 영원한 세계에 대한 개념을 갖고 있습니다. 즉 인간에게는 초월적 존재와 내세에 대한 믿음이 있습니다. 우리가 그것을 정확히 깨닫지 못할 뿐

이지 어느 사회, 어느 시대에나 항상 인간에게 존재해왔습니다. 이는 단순한 심리학적 불안의 반영이 아닙니다. 성경은 그것이 바로 하나님이 인간에게 주신 영원을 사모하는 마음이라고 말씀합니다. 이것은 인간이 영혼을 가지고 있다는 성경의 가르침으로만 이해될 수 있습니다.

도표11. 인간에 대한 기독교적 설명

위에서 설명한 인간의 특성이 당신을 가장 잘 설명하고 있습니까?

4. 인간의 영적 특성을 설명하는 기독교 세계관은 신뢰할만한 세계관입니다.

이상에 열거된 인간의 특징을 동물들에게서 찾을 수 있습니까? 동물들은 인격성이 없기 때문에, 자신과 자신의 삶에 대한 인식을 하지 못합니다. 동물들은 본능을 따라서 살 뿐 도덕이나 윤리 같은 개념은 절대 가질 수 없습니다.

동물들은 목숨을 보존하려는 본능이 있어서 죽지 않으려고 저항하지만 사실상 삶에 대한 인식 자체를 가지고 있지 않습니다. 하물며 영원한 삶에 대한 의미를 가진다는 것은 말도 되지 않는 이야기입니다.

유일하게 인간만이 영원을 갈망한다는 면에서 인간은 동물과 가까운 것이 아니라 하나님과 가까운 영적 존재라는 것이 너무나 분명합니다. 따라서 인간만이 인격적으로 대우받는 삶을 살고자 하며, 선하고 아름다운 사회에 대한 열망을 갖고 있고 내세를 소망하는 가운데 선한 삶을 살기 위해 힘쓰는 것입니다. 지금의 세상이 이렇게 악한 것은 하나님의 형상인 인간이 하나님의 통치를 거부한 뒤, 계속해서 자신의 욕망을 따라 타락한 삶을 살고 있기 때문입니다. 인간에 대한 이러한 설명은 성경이 세상에 대하여 말하는 것이 얼마나 정확하고 신뢰할만한 것인지 증명합니다.

> "우리는 타락한 인간을 하나님의 형상의 보유자로 바라보아야 한다. 그러나 성령의 새롭게 하시고 거룩케 하시는 사역이 없이 인간 본성 자체로써는 하나님을 왜곡되게 닮을 수밖에 없다는 것도 기억해야 한다. 구속의 과정을 통하여 이러한 왜곡은 점진적으로 제거될 것이며 장차 오는 세상에서 마침내 우리는 완전하게 하나님을 닮게 될 것이다."
>
> 안토니 후크마

Question 2

우리는 파괴된 인간성을 강요하는 세상에서
어떻게 회복의 길을 모색할 수 있겠습니까?

내용 정리하기

• **인도자 Question** (인도자가 제시하는 질문으로 의견을 나눕니다.)

• **간증을 읽고 결단하기**

간증 : 복음적 가치로 살아가기**(30대 형제)**

저는 인간에 대한 관심이 많았습니다. 무엇보다 제 자신에 대해 잘 알고 싶었습니다. 특히 내가 무엇을 잘 할 수 있는지, 무엇을 목표로 삼고 인생을 살아야 하는지에 대한 고민이 많았습니다. 하지만 어디에서도 확실한 답을 찾을 수가 없었습니다. 여러 고민과 경험을 거쳐 웹 기획자가 되었습니다. 새로운 무언가를 생각해 그것을 현실화 하는 것에 매력을 느껴 관련 경력 쌓아갔습니다. 하지만 많은 부분이 소비와 쾌락을 부추기는 산업과 연결된 IT 업계에서 신앙의 양심을 지키며 살아가기가 어려웠습니다. 대부분의 사람들이 소프트웨어를 공짜로 쓰는 것을 당연시 하다보니 긍정적인 영향을 주면서 동시에 돈을 버는 것에 한계를 느꼈기 때문입니다.

기독교 세계관을 배우며 인간이 하나님이 부여한 인격성을 가진, 선과 도덕과 영원을 추구하는 존재라는 것을 깨닫게 되면서 나의 시간과 달란트를 돈과 경력을 위해 사용하기보다 하나님의 뜻을 위해 사용하고 싶은 열망이 커졌습니다. 기독교가 현실과 영원의 문제를 해결하는 유일한 정답이라는 사실도 믿게 되었습니다.

이후 프리랜서로 전향하였고, 지금은 IT업계에서의 경험과 전문성을 최대한 활용하여 복음적 가치와 공익을 위한 프로젝트를 기획하고 필요한 인재들을 연결시키는 일을 하고 있습니다.

저는 '먹고 살기 위해서'라는 이유로 경제활동에서 복음적 가치를 포기하거나 불가능하다 믿는 사람들에게 구체적인 해결방안과 희망을 주고 싶습니다. 복음적 가치를 지키며 경제활동을 할 수 있는 선례와 시스템을 만들기 위해 노력하고 있습니다.

기도하며 마무리하기

   우리에게 영혼을 주시고 영원을 사모하게 하신 사랑의 하나님. 아버지의 거룩하신 형상을 따라 우리를 창조하심을 감사합니다. 하나님께서 우리에게 주신 선하고 아름다운 것들을 깨닫고 다시 회복할 수 있도록 도와주시옵소서.

6 기독교 세계관의 기본 내용(2)
세상 역사에 대하여

1. 창조-타락-구속-종말의 관점을 배우고 평가한다.
2. 이를 바탕으로 기독교 세계관의 기초를 형성한다.

지금까지 기독교의 세계관을 통해 인간이란 어떤 존재인지 정리하였다.
이제는 이러한 인간이 살아가는 세상의 문제들을 해석할 수 있어야 한다.
이 세상은 어떻게 시작되었는가?
그리고 세상은 어떤 방향으로 나아가는가? 이 세상의 현재 상태는 무엇인가?
이러한 세상은 끝이 있는가? 그렇다면 어떤 결말이 기다리고 있는가?
여기에 기독교 세계관은 분명한 대답을 준다.
우리는 그 결론 안에서 어떤 삶을 살아야 하는지 고민해 보아야 한다.

주제 말씀 읽기와 찬양

· **찬양으로 마음열기**

· **주제 말씀**

사도행전 3장 20-21절

"또 주께서 너희를 위하여 예정하신 그리스도 곧 **예수**를 보내시리니 하나님이 영원 전부터 거룩한 선지자들의 입을 통하여 말씀하신 바 만물을 회복하실 때까지는 하늘이 마땅히 그를 받아 두리라"

· **여는 대화**

1) 당신이 읽었던 역사책 중 기억에 남는 것은 무엇이었으며
   그 이유는 무엇입니까?

2) 당신은 앞으로 이 세상이 어떻게 될 것으로 생각합니까?

깊이 들어가기

1. 이 세상은 하나님이 창조하신 아름다운 세계입니다.

성경은 세상이 하나님의 창조로 시작되었음을 분명히 말합니다. 세상은 하나님께서 창조 시에 부여하신 질서를 고스란히 담고 있으며, 본질적으로 선한 체계입니다. 따라서 창조세계를 성속의 이원화된 사고로 바라보는 것은 옳지 않습니다. 하나님의 영광은 인간과 자연 만물의 질서를 통해 드러납니다.

"창세로부터 _____

_____ 그러므로 그들이 핑계하지 못할지니라"

(로마서 1:20)

2. 인간은 하나님의 통치를 대행하도록 창조되었습니다.

하나님의 형상으로 창조된 인간은 자신의 인생 뿐 아니라 하나님께서 맡기신 만물에 하나님의 선하신 통치를 대행하는 책임을 가지고 있습니다. 인간은 각자가 독특한 가치를 가진 완전한 피조물로서 하나님께서 창조 시에 부여한 각자의 삶의 목적을 가지고 있습니다.

또한 인간은 하나님의 피조물이기 때문에 인생 전체를 하나님의 복에 의존합니다. 인간은 자신의 자율적 이성을 따라 자신의 욕망을 위해서 살아가는 것이 아니라, 성령의 인도하심에 따라 하나님의 통치에 순종하며 하나님께서 부여하신 삶의 목적을 이루며 살아가야 합니다. 이 창조의 명령에 순종하면 하나님의 복을 누리게 됩니다.

"네가 _____ 네게 이르리니……
네가 만일 네 하나님 여호와의 말씀을 순종하지 아니하여 _____.

_____"(신명기 28:2, 15)

인간이 하나님의 통치를 구현하며, 세상을 창조한 목적에 충실할 때, 하나님이 세상에 주시는 복이 바로 샬롬(평화)입니다.

> "우주 창조 자체가 하나님의 우주적 왕권과 통치권을 증명한 사건이다. 우리가 알고 있는 이 우주 삼라만상은 하나님의 명령으로 창조된, 하나님의 고유한 통치권 역이다."
>
> 김회권

3. 하지만 인간은 하나님의 창조 명령을 어기고 타락했습니다.

인간이 하나님의 피조물로서 하나님께 의존적이며, 하나님의 통치를 구현하며 살아가야 한다는 사실을 상기시키는 것은 선악과였습니다. 하지만 인간은 스스로 하나님과 같이 되려고 하나님을 반역했습니다. 이것은 피조물의 위치를 떠나 하나님의 통치를 거부한 것입니다. 이것이 죄의 본질입니다.

"여자가 그 나무를 본 즉 _____

_____

_____"(창세기 3:6)

4. 인간의 타락으로 세상에 복이 사라졌습니다.

이러한 인간의 타락은 모든 것을 망가트렸습니다. 인간관계, 노동, 결혼, 기술, 시와 문학, 성, 지성 등 모든 것들은 원래의 기능을 잃고 왜곡되었습니다. 창조질서 자체는 선하지만 타락으로 인해 이 세상은 샬롬을 잃어버린 땅이 되었습니다. 이는 하나님께 반역한 죄와 죄의 대가로 주어진 형벌 때문입니다.

"여호와께서 _____
_____ 보시고"(창세기 6:5)

결국 인간과 자연 만물은 하나님의 복이 사라진 세상, 고통과 슬픔, 불의와 탐욕이 가득하며 죽음과 공포와 내세의 심판에 대한 두려움이 가득한 세상 속에 존재하게 되었습니다.

5. 하나님께서는 타락한 인간을 위한 구원 계획을 이스라엘을 통해 계시하시고 메시야를 통해 이루셨습니다.

1) 이스라엘을 통한 구원의 계시

이 세상은 다시 회복될 것인가? 이에 대해 하나님은 구약에서 이스라엘과의 언약을 통해 이 세상을 다시 회복시키는 구원의 계획을 보여주셨습니다. 하나님께서는 아무 조건 없이 그의 백성을 세상으로부터 선택하셨습니다. 그리고 하나님의 백성들에게 율법을 주셨고 그 율법대로 살아갈 땅을 허락하셨습니다. 이렇게 율법을 통해 하나님의 통치가 회복될 때 타락한 땅에 다시 하나님의 샬롬이 임하게 됩니다.

2) 메시야를 통한 구원의 성취와 완성

하나님께서 보여주신 계획은 이스라엘 백성의 완벽한 실천을 통해 달성될 수 없었습니다. 결국 구원은 이 계획을 성취하실 메시야를 통해 완성됩니다.

"만군의 여호와가 이르노라 _____
_____ 또 너희가 구하는 바 주가 갑자기 그의 성전에 임하시리니 곧
_____"(말라기 3:1)

예수의 오심을 통해 이 세상에는 하나님의 구원이 성취되었으며, 계속 완성되고 있습니다. 그리고 예수의 다시 오심을 통해 하나님의 구원은 완성될 것입니다. 이처럼 예수의 오심과 다시 오심 사이에 구원의 역사가 진행되고 있는 이 시기를 종말이라고 합니다.

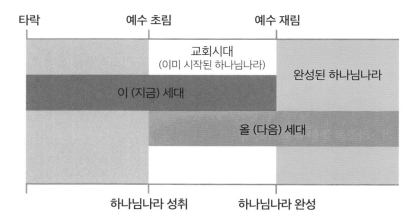

도표12. 이 세대와 다음 세대

3) 하나님나라의 사명을 감당하는 교회

예수께서 메시야로 오셨고 새로운 시대가 시작되었습니다. 하나님나라는 이 땅에 성취되기 시작했습니다. 이렇게 하나님의 나라가 완성되어가는 과정 속에서 죽으시고 부활하신 하나님의 아들 예수를 메시야로 믿는 새 언약 백성 들의 공동체, 즉 교회가 나타납니다. 교회는 하나님나라를 이 땅에 드러내며 하나님나라를 세워가는 사명을 감당합니다. 신약의 교회는 종말론적 백성들 입니다. 하나님의 나라는 교회를 통해 이 땅에서 경험되어지고 예수의 재림을 통해 완성될 것입니다. 하나님나라가 임한 땅에는 하나님의 복이 다시 주어 지는 놀라운 회복이 일어나게 됩니다. 그러므로 종말을 살아가는 교회의 삶의 자세는 다음과 같습니다.

순종의 삶:

봉사의 삶:

소망의 삶:

6. 이 세상은 종말을 맞이하고 하나님의 나라는 예수의 재림을 통해 완성 됩니다.

지금은 종말의 시대입니다. 우리는 하나님의 구원이 이미 이루어졌지만 아 직 완성되지 않은 시대를 살아갑니다. 이러한 종말의 시대에 우리는 이 땅에 서 하나님의 통치를 구현하고 하나님의 나라가 임하도록 해야 합니다. 또한 이 땅에서 사탄의 영향력에 속하지 않고 하나님의 통치가 임할 영원한 하나님나라를 바라보며 살아가야 합니다. 이처럼 종말의 성도들은 예수의 재림을 통해 완성될 영원한 삶을 고대하며 하나님의 통치를 따라 살아갑니다. 종말의 성도들은 하나님의 구원을 막고 하나님의 통치를 대적하는 사탄의 세력은 결국 온전히 심판을 받는 그 때를 고대하며 살아가는 사람들입니다.

"또 내가 크고 흰 보좌와 그 위에 앉으신 이를 보니 땅과 하늘이 그 앞에서 피하여 간 데 없더라 또 내가 보니 _____

_____

_____ "

(요한계시록 20:11-12)

악의 파멸과 구원의 완성은 예수의 재림으로 실현됩니다. 이것이 이 세상의 끝입니다. 하나님의 구원은 예수의 재림을 통해 '새 하늘과 새 땅'에서 완성됩니다.

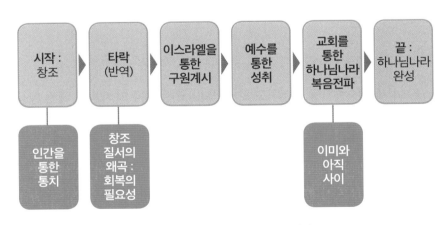

도표13. 세상 역사에 대한 기독교적 설명

"자연과 역사, 인류의 생과 운명을 지배하심에는 우연도 없고 필연도 없으며, 변덕이나 강요도 없으며 일시적인 변덕이나 족쇄로 채인 운명도 없다. 그러나 모든 제2원인들의 배후에는 전능하신 하나님과 신실하신 성부의 전능하신 뜻이 감추어 역사하고 있다"

헤르만 바빙크

기독교 세계관의 네 뼈대는 무엇이며,
이것이 세상을 가장 잘 설명하는 체계라는 것에 동의하십니까?

기독교 세계관에 따라 세상을 바라보게 될 때,
당신에게 주어지는 기대와 책임은 무엇입니까?

내용 정리하기

• **인도자 Question** (인도자가 제시하는 질문으로 의견을 나눕니다.)

• **간증을 읽고 결단하기**

> ### 간증 : 역사의 주인 되신 하나님(20대 형제)
>
> 이전의 저는 삶의 끝이 너무 허무하다는 생각에 사로잡혀 있었습니다. '사람이 죽고 사라지면 어떤 느낌일까?''열심히 살아도 결국 죽어서 아무것도 남지 않는다면 살아가는 의미는 무엇일까?'이런 허무한 생각들은 삶에서 두 가지의 모습으로 나타났습니다. 스스로 생각하거나 판단하지 않고 다른 사람들의 생각을 따라가는 것과, 허무함과 외로움을 몰아내기 위해 다른 사람을 의지하는 것입니다. 다른 사람들의 삶을 좇아 돈과 학벌과 쾌락을 사랑하기도 했고, 다른 사람들에게 의존적인 삶을 살아왔습니다.
>
> 그러다 교회를 다니게 되었고 하나님나라 제자훈련을 통해 하나님으로 인한 이 세상의 시작과 창조의 목적이 있다는 것을 알게 되었습니다. 하나님의 심판 이후에 내 존재가 끝나는 것이 아니라 영원으로 이어짐을 배우게 되었습니다. 이러한 진리를 통해 제가 살아온 삶의 방식에 스스로 의문을 던졌지만, 한편으로 그것을 인정하지 않고 예전의 삶의 방식을 고수하려고 하는 제 안에 욕망이 충돌했습니다. 그러나 하나님이라는 원인을 통해 이 세상이 존재함과 끝이 있음을, 하나님께로 돌아가는 영원이 우리에게 있음을 인정하는 것이 훨씬 타당했고, 이내 제 마음에 평안을 주었습니다.
>
> 이후로 하나님께서는 제게 소프트웨어 엔지니어라는 영역을 통해 잠깐의 쾌락과 안정이 아닌 영원을 추구하는 마음을 주셨습니다. 하나님이 제게 주신 은사와 기회를 통해 하나님의 뜻을 이루어가길 간절히 구하다 보니 실제로 그러한 삶이 조금씩 내 안에서 자리 잡았고, 세상의 돈과 쾌락을 향한 사랑과 의존적인 삶이 사라지고 있습니다. 하나님의 진리 안에서 나의 삶이 의미와 목적을 찾고 있음을 삶 속에서 느끼고 있어서 참 행복합니다.

기도하며 마무리하기

　이 세상을 회복하시고 완성하실 하나님. 하나님께서 창조하신 아름다운 세상이 인간의 타락으로 저주받고 망가진 현실을 바라봅니다. 우리를 온전히 회복시키실 예수 그리스도의 재림을 바라보고, 주님께 순종하며 하나님나라를 세워갈 수 있도록 도와주시옵소서.